D_{e:}

P_{ara:}

D0284696

Esperanza,
fuente de vida

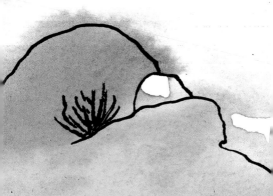

Esperanza, fuente de vida / selección Dagoberto Torres; ilustraciones Lorenzo Freydell. -- Bogotá: Panamericana Editorial, 2004.

    96 p.:il.; 9 cm. -- (Canto a la vida)
    ISBN 958-30-1327-7
    1. Esperanza - Citas, máximas, etc. 2. Fé - Citas, máximas, etc.

I.Torres, Dagoberto, comp. II. Freydell, Lorenzo, il. III. Serie
234.2 cd 20 ed.
AHU1308

CEP-Banco de la República/Biblioteca Luis Ángel Arango

Editor
Panamericana Editorial Ltda.

Edición
Mónica Montes Ferrando

Selección de textos
Dagoberto Torres

Diagramación
Juan Pablo Cuervo

Ilustraciones
Lorenzo Freydell

Primera edición, abril de 2004
© Panamericana Editorial Ltda.
Calle 12 No. 34-20 Tel.: 3603077
www.panamericanaeditorial.com
panaedit@panamericanaeditorial.com
Bogotá, D.C., Colombia

ISBN 958-30-1327-7

Impreso por Panamericana Formas e Impresos S. A.
Calle 65 No. 95-28 Tel.: 4302110
Quien solo actúa como impresor

Impreso en Colombia   Printed in Colombia

Nunca se da tanto
como cuando
se dan esperanzas.

Anatole France

Si supiera que
el mundo se acaba
mañana,

yo, hoy todavía,
plantaría un árbol.

Martin Luther King

7

La más larga
caminata comienza

con un paso.

Proverbio hindú

La esperanza
es el sueño

del hombre despierto.

Aristóteles

Si ayudo
a una sola persona
a tener esperanza,
no habré vivido
en vano.

Martin Luther King

La esperanza
es un árbol en flor
que se balancea
dulcemente

al soplo
de las ilusiones.

Severo Catalina

Es necesario esperar,
aunque la esperanza
haya de verse siempre
frustrada,

pues la esperanza misma constituye una dicha, y sus fracasos, por frecuentes que sean, son menos horribles que su extinción.

Samuel Johnson

Por muy larga que sea
la tormenta,

18

el Sol siempre vuelve a brillar entre las nubes.

Khalil Gibrán

19

El más terrible de
todos los sentimientos

es el sentimiento
de tener la esperanza
muerta.

Federico García Lorca

21

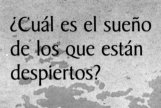

¿Cuál es el sueño
de los que están
despiertos?

La esperanza.

Carlomagno

No hay condición tan baja que no tenga esperanzas, ninguna tan alta que no inspire temor.

Lin Yutang

25

En cada amanecer hay un vivo poema de esperanza.

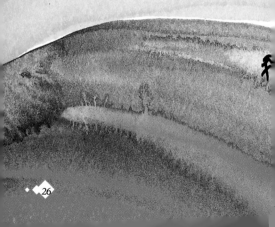

Al acostarnos,
pensemos que amanecerá.

Noel Clarasó

27

Aquellos que no tienen
la esperanza de una
vida después de la
muerte,

están muertos aun para
esta vida.

Goethe

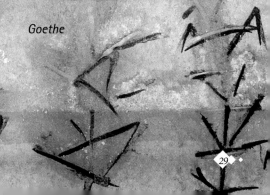

Cuando carecemos de
esperanza,

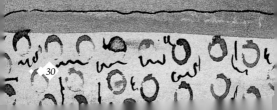

vivimos llenos
de deseos.

Dante

Al deseo, acompañado de la idea de satisfacerse, se le denomina esperanza; despojado de tal idea, desesperación.

Thomas Hobbes

33

El temor
y la esperanza

nacen juntos
y juntos mueren.

Metastasio

Cuando la vida
te cierra una puerta,

la esperanza
te abre una ventana.

Refrán popular

37

En la adversidad, una persona

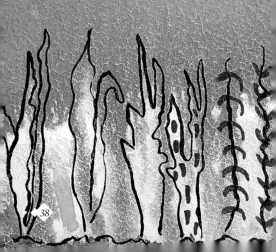

es salvada
por la esperanza.

Menandro de Atenas

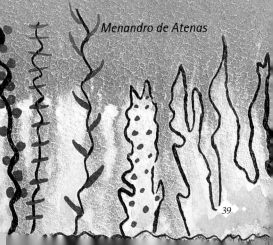

Tanto más fatiga
el bien deseado

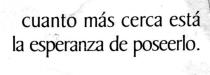

cuanto más cerca está
la esperanza de poseerlo.

Cervantes

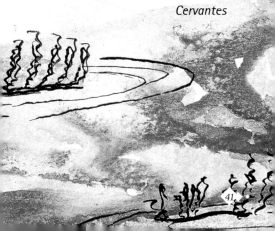

41

El infierno
es esperar

sin esperanza.

André Giroux

El Sol se renueva cada día. No cesará de ser eternamente nuevo.

Heráclito

44

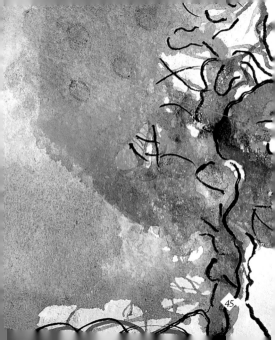
45

Una esperanza reaviva
otra esperanza;

una ambición, otra
ambición.

Séneca

En nuestros locos intentos renunciamos a lo que tenemos

por lo que
esperamos tener.

Shakespeare

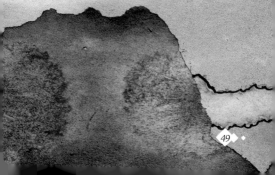

La esperanza hace que
el náufrago agite sus
brazos en el agua,

aun cuando no vea
tierra por ningún lado.

Ovidio

51

La esperanza y la
paciencia son dos
soberanos remedios
para todo;

son los más seguros
y los más blandos
cojines sobre los
cuales podemos
reclinarnos
en la adversidad.

R. Burton

Mientras le dura
al enfermo la vida,

le dura
la esperanza.

Cicerón

La primera semilla
del alma racional
es la esperanza;

ella es la fuente
de la vida.

Filón de Alejandría

Ninguna cosa
hay que avive
más la esperanza

58

que la buena conciencia.

L. Granada

No te lamentes si en la
vida te ha sido vana
alguna esperanza;

también has temido
algún mal que,
después de todo, no te
ha alcanzado.

Friedrich Rockert

La esperanza
es un préstamo

hecho a la felicidad.

L. Rivaro

Arrancad la esperanza
del corazón del
hombre,

y haréis de él
un animal de presa.

Quida

Es poco atractivo
lo seguro;

en el riesgo hay
esperanza.

Tácito

La esperanza misma
deja de ser felicidad

cuando va acompañada
de la impaciencia.

J. Ruskin

Más valen los hombres
por lo que esperan

que por lo que han recibido.

Diego Saavedra Fajardo

La carrera breve
de la vida

nos veda
las largas esperanzas.

Horacio

73

No hay que temer
a las sombras.

Sólo indican
que en un lugar cercano
resplandece luz.

Ruth Renkel

Los deseos
de nuestra vida
forman una cadena
cuyos eslabones

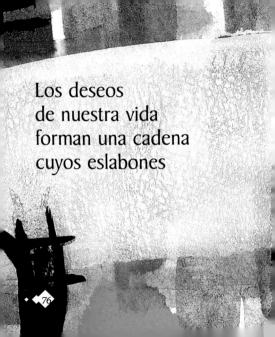

son las esperanzas.

Séneca

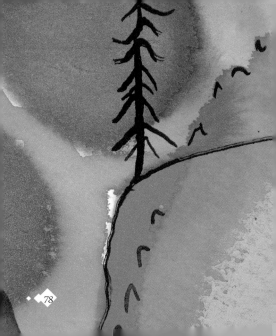

Cada criatura, al nacer,
nos trae el mensaje
de que Dios todavía
no pierde la esperanza
en los hombres.

Rabindranath Tagore

Que el hastío
de tu anochecer
no reclame

más que lo que
pudo ganar el
deseo de tu
mañana.

Rabindranath Tagore

La esperanza es un estimulante vital

muy superior a la suerte.

Nietzsche

Es triste mirar al mar
en una noche sin luna

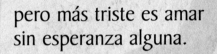

pero más triste es amar
sin esperanza alguna.

J. Efraín Suazo

La juventud vive de la
esperanza;

la vejez, del recuerdo.

George Herbert

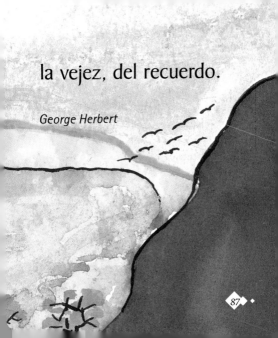

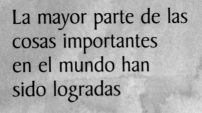

La mayor parte de las
cosas importantes
en el mundo han
sido logradas

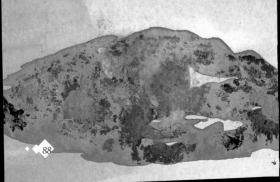

por personas que
han seguido
intentando cuando
parecía que ya
no había esperanza.

Dale Carnegie

El hombre es una criatura de esperanza e inventiva

y ambas cualidades
desmienten la idea
de que no es posible
cambiar las cosas.

Tom Clancy

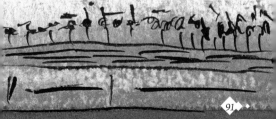

Afortunado
es el hombre

que tiene tiempo
para esperar.

Calderón de la Barca

Un barco
no debería navegar
con una sola ancla,

La esperanza ve lo invisible, siente lo intangible y logra lo imposible.

Anónimo

ni la vida con
una sola esperanza.

Epicteto de Frigia

Que el hastío
de tu anochecer
no reclame

80

Cada criatura, al nacer,
nos trae el mensaje
de que Dios todavía
no pierde la esperanza
en los hombres.

Rabindranath Tagore

La esperanza es un estimulante vital

más que lo que
pudo ganar el
deseo de tu
mañana.

Rabindranath Tagore

Es triste mirar al mar
en una noche sin luna

muy superior a la suerte.

Nietzsche

La juventud vive de la
esperanza;

pero más triste es amar
sin esperanza alguna.

J. Efraín Suazo

La mayor parte de las
cosas importantes
en el mundo han
sido logradas

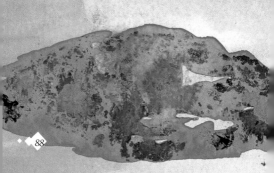

la vejez, del recuerdo.

George Herbert

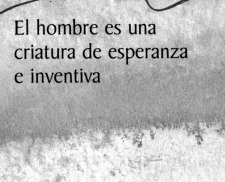

El hombre es una criatura de esperanza e inventiva

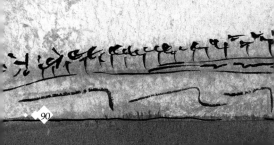

por personas que
han seguido
intentando cuando
parecía que ya
no había esperanza.

Dale Carnegie